TO THE OUTERMOST STARS

Stein Mehren
To the Outermost Stars

Translated by
Agnes Scott Langeland

with an Introduction by
Lars Saabye Christensen

Published by Arc Publications,
Nanholme Mill, Shaw Wood Road
Todmorden OL14 6DA, UK
www.arcpublications.co.uk

Original poems copyright © 2019, H. Aschehoug & Co.
(W. Nygaard) AS. Published in agreement with Oslo Literary Agency.
Translation and Preface copyright © 2019, Agnes Scott Langeland
Introduction copyright © 2019, Lars Saabye Christensen
Copyright in the present edition © 2019, Arc Publications

978 1911469 49 0 (pbk)
978 1911469 50 6 (hbk)
978 1911469 51 3 (ebk)

Design by Tony Ward

Cover picture by Stein Mehren.
Untitled, acrylic on wood, in private ownership.

ACKNOWLEDGEMENTS

The publishers are grateful to H. Aschehoug & Co. for
granting permission to reproduce the poems in the original
Norwegian (a list of sources can be found at the end of this volume),
and also to NORLA for their financial support of the translation.

This book is in copyright. Subject to statutory exception and
to provision of relevant collective licensing agreements, no
reproduction of any part of this book may take place without
the written permission of Arc Publications.

This translation has been published with
the financial support of NORLA.

Arc Publications 'Visible Poets' series
Series Editor: Jean Boase-Beier

AUTHOR'S ACKNOWLEDGEMENTS

Thanks are due to many people for the publication of this book of Stein Mehren's love poems in translation, but first and foremost I gained the inspiration to carry on from Professor Emerita Jean Boase-Beier at the School of Literature, Drama and Creative Writing at the University of East Anglia. Professor Boase-Beier has given invaluable assistance and warm support and a great deal of her time. She amazingly enough believed in my translations. A very special thanks goes to Lars Saabye Christiansen for writing a fascinating Introduction about Stein Mehren's poetry.

I also wish to warmly thank the editors at Arc Publications, Angela Jarman and Tony Ward, for publishing the book and Even Råkil, Rights Director at Oslo Literary Agency, for his part in this. I am grateful to Stein Mehren's daughter, Tonje Maria Mehren, who kindly permitted the use of one of his paintings as the cover illustration.

Thanks are also due to the British Centre of Literary Translation (BCLT), for several invitations to come to the University of East Anglia. It was a great privilege to be able to work in the peace and quiet of the wonderful University Library. This was possible due to Erasmus mobility grants awarded by the International Office at the University of Agder. Not least, thanks go to the organisation Norwegian Literature Abroad (NORLA), for providing translation funding.

Friends have provided great encouragement too, and I especially wish to thank Christine Wilson who worked at BCLT and offered hospitality and friendship whenever I was in Norwich. Lastly, my husband, Sverre Eidem, never failed to support me. Sadly, he died before the book was published, but I know he would have cheered for me.

for Gjøri

CONTENTS

Series Editor's Note / 11
Translator's Preface / 12
Introduction: 'Musical Mirrors' / 17

22 / Jeg holder ditt hode • I Hold Your Head / 23
24 / Fordi det er en sommer i • Because There is a Summer in
dine øyne Your Eyes / 25
30 / Tristan og Isolde • Tristan and Isolde / 31
34 / Regn stanser • The Rain Stops / 35
36 / Gammelt rosemalt skap • Old Rose-painted Cabinet / 37
38 / Hero og Leandros • Hero and Leander / 39
40 / Barcarole • Barcarole / 41
40 / November-måne • November Moon / 41
42 / Min elskede, jeg kan stå stille • My Love, I Can Stand Still / 43
46 / For hånden • At Hand / 47
46 / Møte • Encounter / 47
48 / Min kvinne sover • My Woman is Asleep / 49
48 / Elskende • Making Love / 49
50 / Nærhet • Closeness / 51
52 / All-tid • Every Time / 53
52 / Reise • Journey / 53
54 / Likhet og ulikhet • Likeness and Unlikeness / 55
56 / Lampen • The Lamp / 57
56 / Deg vil jeg aldri glemme • I will Never Forget You / 57
58 / Sengen • The Bed / 59
58 / Fra hver vår side • From Our Own Side / 59
60 / En kvinne • A Woman / 61
60 / Ekteskap • Marriage / 61
62 / Møtet • The Meeting / 63
64 / Når jeg åpner skapet ditt • When I Open Your Closet / 65
66 / Skjulesteder • Hiding Places / 67
68 / Kjærlighet, bare kjærlighet • Love, Just Love / 69
68 / Tilståelse • Admission / 69
70 / Armada • Armada / 71
72 / Dagen og trærne • The Day and the Trees / 73
74 / Høstlig aften • Autumn Evening / 75
76 / Ofelia • Ophelia / 77

78 / Møte • Meeting / 79
80 / Regnbilde • Rain Image / 81
82 / Valg • Choice / 83
84 / Foreldres kjærlighet • Parents' Love / 85
86 / Mot en verden av lys • To a World of Light / 87
88 / Kysset • The Kiss / 89
90 / Den nordiske morgen • The Nordic Morning / 91
92 / Lett • Lightness / 93
94 / Forelskelsens kalender • The Calendar of Romance / 95
96 / Sansene • Senses / 97
98 / Seksten år • Sixteen Years Old / 99
100 / Å sykle om sommeren • Cycling in Summer / 101
102 / Slik dager kommer • The Way Days Come / 103
104 / Ekteskap • Marriage / 105
106 / Elskede, i skyggen av vår drøm • My Love, in the Shadow of Our Dream / 107
108 / Hardanger • Hardanger / 109
110 / Elskede, hva tenker du på • My Love, What are You Thinking About / 111
112 / Omfavnelse • Embrace / 113

Biographical Notes / 115
List of sources / 116

SERIES EDITOR'S NOTE

The 'Visible Poets' series was established in 2000, and set out to challenge the view that translated poetry could or should be read without regard to the process of translation it had undergone. Since then, things have moved on. Today there is more translated poetry available and more debate on its nature, its status, and its relation to its original. We know that translated poetry is neither English poetry that has mysteriously arisen from a hidden foreign source, nor is it foreign poetry that has silently rewritten itself in English. We are more aware that translation lies at the heart of all our cultural exchange; without it, we must remain artistically and intellectually insular.

One of the aims of the series was, and still is, to enrich our poetry with the very best work that has appeared elsewhere in the world. And the poetry-reading public is now more aware than it was at the start of this century that translation cannot simply be done by anyone with two languages. The translation of poetry is a creative act, and translated poetry stands or falls on the strength of the poet-translator's art. For this reason 'Visible Poets' publishes only the work of the best translators, and gives each of them space, in a Preface, to talk about the trials and pleasures of their work.

From the start, 'Visible Poets' books have been bilingual. Many readers will not speak the languages of the original poetry but they, too, are invited to compare the look and shape of the English poems with the originals. Those who can are encouraged to read both. Translation and original are presented side-by-side because translations do not displace the originals; they shed new light on them and are in turn themselves illuminated by the presence of their source poems. By drawing the readers' attention to the act of translation itself, it is the aim of these books to make the work of both the original poets and their translators more visible.

Jean Boase-Beier

TRANSLATOR'S PREFACE

Living for many years in Norway, I have become a keen reader of Norwegian poetry and especially the work of the contemporary poet Stein Mehren, who has published many volumes of verse since his debut in 1960. To my knowledge, only a few of his poems have been published previously in English so that this will be a first-ever volume of Stein Mehren's poetry in translation in English.

It was while working on a translation of the novel *Professor Andersen's Night* by Dag Solstad (Harvill, 2011: 37), that I first translated some lines of Mehren's verse. There he weaves thoughts of the eternal into the everyday life of the present, with intriguing natural images of cities at night:

Through the night air
it looks as though the towns on the coast have been accidentally washed ashore. And now lie there twisting
convoluted like jellyfish of light – Far away…
Far above hover the new gods
in the invisible spokes of the celestial wheel.

('Hildring i speil', *Hildring i speil*, 1961; my translation).

But what inspired me initially to begin working on a bilingual anthology was my encounter with the poem, 'I hold your head', quoted by Lars Saabye Christensen in the following Introduction. I was deeply moved by its musicality and the nature metaphors centred on the timelessness of love. In that I was not alone, as vast numbers of Norwegians have also been enthralled by it. Further, I was fascinated by recordings where Mehren gives readings, or more aptly, performances, of his work, in what Solstad rightly describes as "a meandering, almost ecstatic voice" (Harvill, 2011: 37).

As luck would have it, I came across a wonderful anthology of his love poems, entitled *Kjærlighetsdikt* (Love Poems, Aschehoug, 1997). The highly-charged emotions and imagery in these texts had an immediate and striking effect. This impelled me to make a bold resolve: to render a selection of Stein Mehren's love poems from the Norwegian to English so that readers outside Scandinavia might have an opportunity to experience his brilliance. The selection is largely drawn from *Love Poems*, but also taken from other collections in his long poetic career from 1960 to 2009. They range from the divinely and poignantly transcendent 'Tristan and Isolde' (p. 31), the dreamily lush 'Old Rose-painted Cabinet (p. 37), the eminently down-to-earth but tenderly romantic 'At Hand' (p. 47), to the bitterly resentful and recriminating 'Marriage' (p. 61). In other words, they give expression to the state of flux of this complex human emotion. I believe it is impossible not to be moved by them.

Not surprisingly, Mehren's poems draw on Norway's magnificent natural beauty. Specific places are mentioned only a few times. In 'My love, I Can Stand Still' (p. 43), the narrator wanders among fish boxes in historical Tønsberg, a small town on the coast of South-Eastern Norway; 'Hardanger' (p. 109) is a hymn to the dark mountains, the deep fjord and apple blossom; 'The Nordic Morning' (p. 91) is filled with the light and air of mountainous Romsdalen, which, like Hardanger, lies in Western Norway. These three places are pillars of Norwegian history and culture, but they are also good examples of Mehren's concern with space, time, light and nature. The glorious light during Nordic summers and snowy winters has played a role in my choice of expression when translating *himmel*, which can be both the sky and heaven. In 'The Nordic Morning', the phrase *denne lengselsblonde himmel*, is rendered as 'this blond heaven of longing', which I think brings together the existential and physical lightness of sky and heaven.

In the poem 'Old Rose-painted Cabinet", the great Norwegian outdoors enters the poem in the form of mountain huts and summer pastures. That gave rise to the specific problem as to how best to translate *seter*, an area up in the mountains where there are huts used by milkmaids who attend the cattle, sheep and goats grazing on the summer pastures. The seter is a place of beauty and peace associated with traditional farming though many seters are now largely abandoned and only used as summer cabins. Once they were also the scene of night-time clandestine rendezvous between the milkmaids and farm workers. This practice is the subtext in the poem. Surely, this word deserved to be adopted into English? A quick search in the *OED* showed that indeed it already has been, so that 'problem' was solved. I hoped that using seter would enable me to get under the skin of the reader and stay faithful to the effect of the original on myself as reader-translator. Along with the light, the snow and the seter, other natural phenomena such as the moon and stars, the mountains, the forests, the sea and the rain are recurrent metaphors of love. In truth, nature pervades much of Mehren's poetry, as an inspiration, a source of love and, on occasion, blinding ecstasy.

Norway is in the rather unique situation of possessing two official standard forms of Norwegian, the main national language. Norwegians may choose whether they will use Bokmål (Book Language) or Nynorsk (New Norwegian). In addition, both standards have so-called conservative and radical varieties in the sense that change is avoided in the former or embraced in the latter. Bokmål is widely used in towns and cities, whereas Nynorsk is used in rural areas. In the late 1940s and early 1950s, the Norwegian Language Council embarked on a language planning policy that would have led to a single written standard, called Samnorsk (Common Norwegian). Schoolbooks were published in Samnorsk, incensing many urban dwellers, and the ensuing language conflict was so fierce that the government beat a hasty retreat and restored both official varieties. For Mehren, from an upper middle-class Oslo background and a schoolboy in 1954 when the conflict raged, Nynorsk was never an option. He grew up speaking the most conservative form of Bokmål, known as Riksmål (Language of the Realm). He never departs from this conservative form in his works. In keeping with this, I have used Standard English as it is closest to his linguistic form of expression, and I have avoided contracted forms of verbs and, by and large, also colloquial language. Due no doubt in part to his adherence to conservative, rather than radical, Bokmål, Mehren was only ever deemed worthy of a place on the periphery of the dominant literary scene by the leading members of the magazine *Profil*. The left-wing *Profil* group set themselves up as the sovereign judges of 'good' poetry and writing from the mid-1960s to the 1970s; their literary reviews could make and destroy reputations! Despite their criticisms, Mehren created his own growing readership.

Crucially though, Mehren's turn of phrase is remarkably quotidian, leaving overly poetic expressions off limits for the translator. Consequently, all forays into undue lyricism were avoided and simplicity sought in translation. However, Mehren's habit of welding unusual combinations of ordinary words can create crystal clear images that give the reader a frisson of pleasure. We encounter *kjølig-svale* (p. 34), "chilly cool", and *kjølig-hete* (p. 36), "cool heat", and in 'Ophelia' (p. 77), *søvngjengersikre verktøy* is literally "a sleepwalker-certain or sleepwalker-proof tool", so it was rendered as "a sleepwalker's tool of sure revenge". Another such compound Norwegian word in 'The Kiss' (p. 89) is *i regnkastenes drivgarn*, literally "in the rain-gusts drift-nets", is rendered as "in the driftnets of cloudbursts". At times, his combinations of words are reminiscent of Dylan Thomas' 'Fern Hill' as, for instance, in lines like these from 'Cycling in Summer' (p. 101):

In flickering tinkling sunspot mirrors of heat
while the light gaily brushes their faces
gleeful in the leafy space of cycle bells,

where the reader is transported to another realm.

I have sought to convey the rhythm, musicality and temperature of Mehren's work. Inevitably, I found the path to be littered with pitfalls, not to say minefields that had to be traversed with the utmost care. New layers of meaning in the original appeared every time I re-read a translation and that triggered new changes. A related question is how far a translator of verse can stretch the meaning of the author's choice of expression to foreground images and / or create chains of images. To exemplify this, let me present two issues that arose in the poem 'Marriage' (p. 105). Firstly, I decided to strengthen the associated images of floods and sluice gates that occur in the first two verses by translating *oppsamlede* in the third line in the second verse with "dammed-up", rather than the more literal and prosaic "accumulated". Secondly, *(s)lynget* in the penultimate line of the last verse can mean both "entwined" and "flung". Here I rather boldly opted for "entangled" as I wished to link up with the image of hair in the opening line of the poem. Both these choices of expression lead to a reading of marriage as an arena where forces engage in "deadly" combat, evolving out of seemingly calm domesticity. Capturing striking word play is, of course, imperative. In the poem 'Every Time' (p. 53), *All-tid*, *all tid* and *alltid* were in a first draft rendered by "All-ways", "all ways" and "always". This did not reinforce the theme of time, which appears in a later verse, so instead I resorted to "Every-time", "every time" and "everytime", to indicate single particular instances of time and the more general aspect as these resonated better with the return to the fleeting nature of time in the closing line. The act of translation is filled with agonising and enthralling decisions and the endlessly recurring question: Have I captured it now? The reader is left to judge.

Stein Mehren was widely regarded as avant-garde in the 1960s, and as Lars Saabye Christensen points out in the Introduction, his poetry still speaks to the reader today. Hopefully, the power of his work rendered in English will reach out to a readership beyond the borders of Norway.

Agnes S. Langeland

MUSICAL MIRRORS

The sixties were a good decade for Norwegian poetry. The time was right. The many social changes that took place in virtually every sphere of life made it possible for writers to liberate themselves from the somewhat heavy Modernism of the post-war era and to cultivate multiple forms and levels of expression, which were frequently indebted to music, art, politics and everyday language. Out of all the poetic voices that made their mark in this period, I wish to comment on three in particular: Jan Erik Vold, Georg Johannesen and our man, Stein Mehren.

Vold was greatly influenced by American Beat literature and jazz, and he allowed these sources to run together into a completely unique, playful poetic universe. Johannesen found inspiration in Brecht and Chinese lyrical verse and brought a grounded perspective on metaphor into Norwegian poetry. Vold certainly bore no resemblance to Johannesen, and Mehren bore no resemblance to either of them. On that score, they created three different traditions, which have in fact survived Postmodernism.

Mehren, for his part, sought other sources: myths, the history of ideas, art, Romanticism. He was beyond doubt often out of step with the popular culture adhered to by his contemporaries. That is what makes his work equally relevant today. For more than fifty years, half a century, literary texts have flowed from his hand, indeed, overflowed in the form of novels, essays, plays, but first and foremost poetry. He is, by definition, a poet. It is no exaggeration on my part to say that, for most Norwegians, poetry is associated with the name of Stein Mehren. He is not immediately accessible, but neither is he difficult to grasp. Is that possible? Indeed, it is. He trusts the reader. Mehren may be an unfailing virtuoso with words, but his poetical vocabulary and form are open: an invitation into the mystical quality of his verse.

In many ways, it was in the sixties that I received my literary education. I was a teenager at the time, and these three voices all played a formative role in shaping my artistic vision. At that age, we find things totally engrossing and we are full of enthusiasm. No other period of life can compare with this. And that is when we find ourselves, if indeed that is possible, by imitating others. I remember that I imitated the style of Vold and Johannesen, but never Mehren's. Had I no wish to imitate Mehren? I may well have done so, but it was impossible. Mehren's style was inimitable. I think I know why; he was too unfamiliar. He was out of my league. Even so, I was deeply moved by his poems, by the elegant waves that rolled from line to line. I heard the music in his poetry, music that also gave room for thought. Somewhere he says: "I don't write poems / for the poem's sake/ The poem with No-one's address / will reach no reader." Also, there is something else: a serious intent. Anyone who imitates a serious tone will instantly appear ridiculous. That is not to say that the other poets lacked serious intent; clearly that is not the case. However, in Mehren's case, the grave intent is so all-embracing that his philosophy of life and poetics are one and the same; he is dismissive of all whimsy.

In 1971 the Norwegian Book Club published an anthology of Stein Mehren's poetry from the sixties, *Veier til et bilde* (Ways to an Image). The book was printed in 10,000 copies, an exceptional number for a volume of poetry. I was a club member, and that book, which I ordered at the age of 18, is one of my best-loved books. In the brief Preface written by Mehren, I noted that he had written: "Some of my most exciting poems are the longest and the least 'successful' ones. Poems that were still underway in my mind." That was a radical statement as it sows doubt about his own poems. That requires great self-confidence. Further he states: "To form something is to see, raise awareness; these [poems] contain material on the way to clarity." That enabled me to understand him better. The way to clarity goes in two directions: through the reader's mind and thought and along the poet's path in life. As I see it, Mehren has continued to write the same poem, though without repeating himself. The way to clarity is not just a battle with language, but also a battle against time. Clarity is a burden the poet assumes.

Clarity is the end of the road.

To my mind, the most commonly occurring word in Modernism is 'mirror'. In this, Mehren is no exception. The mirror is to be found throughout his verse: as an object, an instrument, an image. It is the bottom line of art: Who am I? And equally important: Who are you? His poems are also mirrors, where we can see our faces, our own nature, in unexpected, beautiful and broader connections. These are musical mirrors. Mehren is the great Norwegian singer in European poetry.

But in the depths of the mirror image lies a greater insight than that of pure, factual recognition, namely being able to see the other in ourselves and ourselves in the other. That brings us to the essential component of this collection: love. In Mehren's work, love is an ever-recurring cycle, a pervasive force running through everything, that disarms loneliness and estrangement. In our fragmented and abused era, his verse should be obligatory reading, as it contains a message of connections, about being part of both the smaller and the larger scheme of things. One of his most well-known and well-loved poems begins like this:

> I hold your head
> in my hands, as you hold
> my heart in your tender care
> as everything holds or is
> held by something other than itself.

These lines are necessary and beautiful, everlasting and penetrating, and they make us feel the music created by the poet's rhythmic stream of words.

Lars Saabye Christensen
Oslo, June, 2017

Stein Mehren was born 16 May 1935 and died on 28 July 2017. He is survived by his daughter Tonje Maria Mehren and grandchild Netsanet.

TO THE OUTERMOST STARS

JEG HOLDER DITT HODE

Jeg holder ditt hode
i mine hender, som du holder
mitt hjerte i din ømhet
slik allting holder og blir
holdt av noe annet enn seg selv
Slik havet løfter en sten
til sine strender, slik treet
holder høstens modne frukter, slik
kloden løftes gjennom kloders rom
Slik holdes vi begge av noe
                    og løftes
dit gåte holder gåte i sin hånd

I HOLD YOUR HEAD

I hold your head
in my hands, as you hold
my heart in your tender care
as everything holds or is
held by something other than itself
As the sea lifts a stone
to its shores, as the tree
holds the ripe autumn fruit, as
the world is lifted through the space of worlds
Thus we both are held by something
                                        and lifted
to where mystery holds mystery in its hand

FORDI DET ER EN SOMMER I DINE ØYNE

1

Du kommer mot meg, bøyet
som i vind mot tankene
åpner du ditt sinn og strør
det ut over jorden

ditt hjertes blomster –
blader av lykke smerte
ordner du som noen roser
for dagen mer tilfeldig

går vinden i det høye
blinkende gresset som
om noen skulle ha gått
gjennom øynene våre

med fotside kjoler
Som om vi gikk ut av
mørke skoger og fant
et glitrende hav

står vi ved bredden
av en sommer og for-
nemmer vindens gyldne
silke, trærnes lyse

bekkefall risler grønt
Vi synker før vi går
ombord og fuglesangen
åpner luftens katedral

fordi jeg Ser at du er
til, at du ler lydløst
som solskinn og våre
hender vokser inn i

BECAUSE THERE IS A SUMMER IN YOUR EYES

    1

You walk towards me, bowed
as into the wind with your thoughts
you open your mind and strew
it over the ground

the flowers of your heart
the leaves of joy-pain
you arrange like roses
for the day quite randomly

the wind passes through the high
shimmering grass as
though someone had passed
through our eyes

in long gowns
As though we had left behind
dark forests and found
a glittering sea

we stand on the brink
of a summer and
sense the wind's golden
silk, the trees' cascades

of light sprinkling green
We sink down before we go
on board and birdsong
opens the cathedral of the air

because I See that you are
here, that you laugh soundlessly
like sunshine and our
hands grow into

himmelen, fletter seg
inn i våre blikk der
frukttrærnes sjø går
hvit så hvit så hvit

2

Der du skrider danser
engene under løvets lyse
baldakiner, sol over sol
i skyggelek på huden

bølger lyset i gressets
bryst og gule blomster
pludrer av undertrykt
andpusten latter i deg

flyter sommerdagen inn
en røk i klart krystall
og likevel så luftige
av lys er trærnes flor

som bærer himmelen i
sine blomsters kurver
og fuglene fylt til
kanten av lys stryker

gjenskjær over pannens
vinger, havets skygger
risler over smilets
hvite riflebunn dypt

dypt ned i lykken
skjelver kyssets vind
og våre blikk åpnes
lukkes som grunner

heaven, entwining
with our gaze where
the sea of fruit trees is
white so white so white

   2

Where you step the fields
dance beneath the leaves' light
canopies, sun on sun
in shadow-play on the skin

light billows in the bosom
of the grass and yellow flowers
babble with suppressed
breathless laughter inside you

the summer day flows into
clear crystal smoke
and yet the flowers on the trees
are so airy with light

that they carry the sky in
their floral baskets
while the birds filled up
to the rim with light cast

reflections on the wings
of your brow, the sea's
shadows spread across your smile's
white furrowed bed deeply

deeply plunged in joy
trembling on the wind of a kiss
and our gaze opens
and closes like reefs

der solen deler seg
i dette blå som i et øye
som har sett seg gjennom
sol og hav mens båten

under oss blir båret
bort på øyets speil
og fuglene flyr spor-
løst inn i himmelen

where the sun breaks up
in the blue like in an eye
that has looked through
sun and sea while the boat

beneath us is borne
away in the eye's mirror
and the birds fly up
traceless into the sky

TRISTAN OG ISOLDE

De kledde av seg, og ble for hverandre evige
som av en magisk drikk ble alt forvandlet
til dem selv, deres lengsler ble blinde akkorder
som ilte mot dem fra alt de berørte, til de
ble alt de berørte. Hud mot hud ble de
                              hverandres
legemer på jorden og bestandig tro ...

Og de kunne aldri gledes
        ved sin kjærlighet
for den var deres glede
Kunne de ikke lenger tenke på
        sin kjærlighet
for den var deres tanke
De så på hverandre og sa aldri
        Se vår kjærlighet
for den var deres blikk

Og slik ble deres møte
til evighet og deres skille til
møte igjen og til død
De kunne ikke frykte sin kjærlighet
for den var deres frykt
De kunne ikke flykte fra sin kjærlighet
for den var deres flukt

Tristan og Isolde, som ble
        himmel og jord, fordi de aldri
så inn i seg selv, holder de
        ennu hverandres hender der ute
Med fingrene berørt av
        stjernenes fingertupper
med huden gjennomskinnet
        av månens hud. Som fostre
i uendelige rom bak øynene
        utovervendt, vendt inn i
hverandre, ligger deres legemer
        virkeliggjort, svøpt inn i

TRISTAN AND ISOLDE

They undressed, and became eternal for each other
As though a magic potion had transformed everything
into them, their desires turned into blind chords
that raced towards them from everything they touched, till they
became everything they touched. Skin against skin they became
                                                          each other's

embodiments on earth and always true…

And they could never feel joy
        about their love
for it was their joy
They could no longer think of
                      their love
for it was their thought
They looked at each other but never said
                      See our love
for it was their sight

And thus their meeting turned
into eternity and their parting into
a new meeting and to death
They could not fear their love
for it was their fear
They could not flee from their love
for it was their flight

Tristan and Isolde, who became
    heaven and earth because they never
looked into themselves, still hold
    each other's hands out there
Their fingers touched by
    the fingertips of the stars
their skin translucent from
    the moon's glow. Like embryos
in infinite space behind eyes
    gazing outwards, gazing into
each other, their bodies lie
        incarnated, wrapped in

hverandres øyenlokk Der daggry ble
      av død: det store forløsende
   smil som stråler inn og ut av dem begge

   Se Tristan og Isolde, blinde av sol
   lar de døden evig stå vakt rundt våre liv
   Og hør – vi kan røre den dypere streng
   under alt av tilfeldig som spiller med oss
   Og uten å se oss tilbake, leve vårt
   tema til slutt ... Blir vi noen gang – musikk
   Tristan Isolde, en fuge av dobbelt liv
   De flettet seg inn i hverandre og forble evige

each other's eyelids Where dawn arose
    from death: that great redeeming
smile that streams into and out of them both

Look at Tristan and Isolde, blinded by sun
allowing death to forever guard our lives
And listen – we can perceive the deeper note
underlying all chance happenings that toy with us
And without looking back, live true
to ourselves... Will we ever become music
like Tristan Isolde, a fugue on twin lives
They entwined themselves in each other and remained eternal

REGN STANSER

Regn stanser. Og vi våkner
Med store og klare blikk ligger vi
på bunnen av oppvåknings kilde
Kjølige, svale uavbrutt veller vi frem
i natten ... alle sanser antennes
til høy klar flamme. Og huden lytter

Hører vi gresset? Det ringer
oss inn til en stor og sval ømhet
mellom oss av klokker
Alle legemets vinduer springer opp
så himmelen kan trenge inn
Og stjernene springer ut, vidåpne
store og kjølige som blomstene

Stanset regnet ... Er vi våkne helt inn ...
Våre blikk møtes
dyppet i en av regnets kjølig-svale stjerner
og lagt inntil hverandre
som store og meget klare billeder ...

THE RAIN STOPS

The rain stops. We wake up
With large clear eyes we lie
at the bottom of the well of arousal
Chilly, cool we endlessly surge forth
into the night… all our senses alight
in a high clear flame. And our skin listens

Is that the grass we hear? Like bells it rings
us in to a great cool tenderness
that is between us
All the windows of our bodies burst open
so heaven can rush in
And the stars spring out, wide-open
large and chilly like flowers

Did the rain stop… Are we fully awake…
Our eyes meet
dipped in one of the rain's chilly-cool stars
and placed close to each other
like large and oh so clear images…

GAMMELT ROSEMALT SKAP

Jeg hadde gått meg bort da jeg fant
seteren, jeg bøyde meg innover svalgangen
og det var som å åpne et framskap
og gå innover, inn i et rosemalt bilde
Og der, inne i de kjølig-hete bonderosene
gled jeg ned i floder av søvn, i ras av roser
og sne, klebet til en fremmed munn

Hele dagen hadde jeg fisket, dratt
levende ildtunger opp gjennom iskalde dyp ...
Båten jeg hadde trukket på land, plutselig
så jeg den løsne og drive bort ... Jeg gikk
og gikk, krysset elver, klatret i bratte fjell
Frossen, sulten og redd var jeg
da jeg fant seterstølen, varm og bebodd

Se henne, lysende naken, fast og
myk, glatt, smekker og spill våken
på samme tid tung, søvnig, blussende varm
gled hun gjennom sine egne sanser
lik en mørk elv som strømmet under meg
fort, så fort at jeg slapp taket
i meg selv, og grep, etter henne

Jeg stod på trammen neste morgen
og så skogene bre sine vinger utover dalene
Jeg husker ikke så mye av henne og natten
Men jeg husker innsiden av armene hennes
hvite og min ungdom, uforglemmelig glemt
i gransus og lukt av tre
med fjell over fjell i det fjerne, sne

OLD ROSE-PAINTED CABINET

I had been lost when I came upon
the mountain hut; stooping I passed along the porch
and it was like opening a cabinet
and walking inside, into a rose-painted picture
And there, within the blowsy roses' cool heat
I drifted down into torrents of sleep, into avalanches of roses
and snow, lingering on a stranger's mouth

The whole day I had been fishing, pulling up
living tongues of fire through the icy-cold depths...
The boat that I had pulled ashore, I suddenly
saw had loosened and come adrift... I walked
and walked, crossed rivers, climbed sheer mountains
I was frozen, hungry and afraid
when I found the seter hut, warm and inhabited

Imagine her, shining and naked, firm and
soft, smooth, shapely and wide awake
at the same time heavy, sleepy, flushed and warm
she drifted through her own senses
like a dark river that flowed below me
swiftly, so swiftly that I lost hold
of myself, and grasped, for her

I stood on the doorstep the next morning
and saw the forests spreading their wings over the valleys
About her or that night I recall little
But I remember the inside of her arms'
whiteness and my youth, hauntingly left behind
in whispering pines and fragrant wood
with mountains far into the distance, and snow

HERO OG LEANDROS

(Skildring av et berømt ekteskap i antikken)

Det som er ødelagt binder oss mest
I går var våre ansikter brådype
I dag bærer vi tyngden av tomhet
og døde øyne over til hverandre

Du har lukket deg tett omkring meg
Jeg har stengt deg inn i mitt liv
Når skal vi to slippe hverandre løs
så vi kan komme over til hverandre

Vi forlater hverandre som ankre
og river bare trevler ut i hverandre
Hatet bærer vi med oss overalt
som havstrømmer under huden, Denne

avhengighet er en ørken vi drukner i
Og vår drøm forblir utenfor våre liv
Som en lampe. Se, vi kaster skyggen
av dens lys … milevidt! Så mørk er

skyggen. Ja, mørk som Hellesponten
og mørkere. Jeg må alltid tilbake
til deg – for å ødelegge meg selv
og ta vare på min ødeleggelse av deg

Vi elsker hverandre mest gjennom alt
som er gått i stykker i oss selv
for bare du kjenner mine muligheters
nederlag jeg dyrker men ikke godtar

Og bare du kan forstå den lidelse
som jeg ikke vil gi slipp på. Vi
har forkastet hverandres nærende lys
Men kaster skyggen av hverandre. Overalt

HERO AND LEANDER

(Portrayal of a famous marriage in antiquity)

What is destroyed binds us most
Yesterday our faces held great depths
Today we carry the weight of emptiness
and dead eyes over to each other

You have closed yourself tightly around me
I have shut you into my life
When shall we two set each other free
so we can come over to each other

We abandon each other as anchors
and only tear pieces off each other
We carry hate with us everywhere
like ocean currents under our skin. This

dependence is a desert we drown in
And our dream remains outside our lives
Like a lamp. Look, we throw the shadow
of its light... miles around! So dark it is

that shadow. Indeed, as dark as Hellespont
and darker. I must always return
to you – to destroy myself
and attend to my destruction of you

We love each other most through everything
that has fallen apart within us
for only you know of the failed
opportunities I nurture but do not accept

And only you can understand the suffering
that I will not let go of. We
have rejected each other's nourishing light
But throw the shadow of each other. Everywhere

BARCAROLE

Langsomt skyller vi gjennom hverandre
som bølgen og stranden, stranden og bølgen
Og hver gang lyser ditt ansikt opp i meg
Ja, brenner seg inn i meg, mykt som profilen
av en nattlig kyst, Strender, bare strender
      kan blusse så blekt ...

Og så blekt er ditt ansikt, dødsblekt
elskede, skyllet iland i ditt hår, i det
kimende mørke der alt svinner, der selv navn
mister kraften på en annens lepper ... Hvem
å, hvem vet hvilke glemte og døde
      som lever i våre kjærtegn!

Dine lepper, dine bleknende lepper
ubevisst, nesten uhørlig i mitt navn
oppgir de navnene på sine matroser, sine
elskere, glemt i dette mørke, dette avsindige
mørke som drukner sine skibbrudne
      Elskende, og døde!

NOVEMBER-MÅNE

Elskede, vi skaper sekundene om
til øyeblikk og bryter tidens segl
Lydløst brekker vi våre grenser opp
og klyver over i hverandres liv

BARCAROLE

Slowly we surge through each other
like the wave and the shore, the shore and the wave
And each time your face lights up within me
Indeed, it burns into me, softly like the outline
of a coastline at night. Shores, only shores
                can flare so palely…

And so pale is your face, deathly pale
darling, washed ashore in your hair, in that
gathering darkness where everything fades, where even names
lose their power on another's lips… Oh, who
can know who the forgotten and the dead are
                that live in our caresses!

Your lips, your paling lips
involuntarily, barely audibly, for my sake
reveal the names of their seafarers, their
lovers, forgotten in this darkness, this insane
darkness that drowns its shipwrecked
                The lovers, and the dead!

NOVEMBER MOON

My love, we forge seconds into
moments and break the seal of time
Soundlessly we break up our borders
and clamber over into each other's lives

MIN ELSKEDE, JEG KAN STÅ STILLE

Min elskede, jeg kan stå stille
    og reise i vinden
for du er overalt i sansene mine
    der hvor de møtte og møter verden
Måkeskrik som vinden
    blåser sjølyset gjennom
Lukten av nybakt brød og fiskekasser
    Dunkende båter og dyr som rauter
Blanke speilglassruter i regnet

Når jeg tenker på deg, elskede
    er det tusen rom i sansene mine
og havet vasker opp i dem
    klirrblankt som om noen har slengt
melkebøttene i fjæra og det er
    en regnhimmel i hver av dem
Om natten blir gresset så grønt
at melken lyser. Det smaker regn av
brystene dine og huden tindrer i latter

Jeg stjeler munnen din i et kyss
og du spytter en plommesten. Jeg elsker
    å se deg spise. Det smaker så godt av deg
selv når du er femti mil borte
Tror du ikke armene mine husker hvordan
    det er å holde deg. Tror du ikke
at fingrene mine leser deg i blinde
Om morgenen, når du er gått
    synger det ennu i gardinene her

Jeg går ut på trappen, jorden
    er kald og våt. Innenfor klærne er jeg
naken og hard av lengsel og sommer
    Jeg går på torget i Tønsberg
    mellom kasser av blomster og frukt

MY LOVE, I CAN STAND STILL

My love, I can stand quite still
    yet travel on the wind
for you exist in all my senses
    wherever they encounter the world:
        In the shrieks of seagulls through which the wind
        blows the sea-light
In the smell of new-baked bread and fish boxes
    In chugging boats and lowing cattle
In panes of glass shining in the rain

When I think of you, my love
    a thousand rooms open in my senses
and the sea washes into them
    spotlessly clean as though someone has thrown
buckets of milk on the ebbing tide and there is
    a rainy sky in each of them
During the night the grass turns so green
that the milk gleams. Your breasts taste of rain
and your skin sparkles with laughter

I steal your mouth with a kiss
and you spit out a plum stone. I love
    to watch you eat. You taste so good
even when you are five hundred miles away
Don't you think my arms remember how
    it feels to hold you. Don't you think
my fingers can read you blindfolded
In the morning, after you have left
    the curtains here still sing

I go out onto the doorstep, the ground
    is cold and wet. Inside my clothes I am
naked and hard with longing and summer
    I go to the market in Tønsberg
    among boxes of flowers and fruit

og lengter etter deg. Jeg har vært
så lenge borte. Laknene er så kalde
i rommet jeg sover i.
  Jeg lar dørene stå åpne ut
og det blir klar høst
        Elsker du meg ennu?

and long for you. I have been
away so long. The sheets are so cold
in the room where I sleep.
   I leave the outside doors open
and it turns to clear autumn
        Do you love me still?

FOR HÅNDEN

Kjærligheten er så nær de små tingene
Lage en kopp te når vi våkner, kysse henne
før hun går, kjøpe osten som hun liker
lage middag, tenke, hvordan har hun livet nu

Vi står ved avgrunnen av tiden
og griper etter øyeblikket og det rekker oss
det som er for hånden, de små tingene
en hank, en skål, en ømhet slått av skygger ...

MØTE

Vi er kommet for nær hverandre
og det er ingen vei tilbake, hvite, nakne
faller vi gjennom hverandres favntak, faller vi

ut i natten, formørkede, gjennom
speil av vellyst, jager vi vår ensomhet i
en annens kropp, innestengt i hver vår barndom

nakne i hver vår død, vi har
revet ordene ut på språket som ligger
stumt, lamslått, med store åpne øyne i mørket

AT HAND

Love is so close to the small things
Making a cup of tea when we wake up, kissing her
before she leaves, buying the cheese she likes
making dinner, thinking, how is her life now

We stand beside the abyss of time
trying to seize the moment and it gives us
what is at hand, the small things
a cup handle, a saucer, a caress mottled with shadows...

ENCOUNTER

We have come too close to each other
and there is no way back, white, naked
we fall through each other's embraces, we fall

out into the night, eclipsed, through
mirrors of desire, we hunt our loneliness in
the body of another, each trapped in our own childhood

each naked in our own death, we have
torn the words out of the language that lies
mute, stunned, with wide-open eyes in the darkness

MIN KVINNE SOVER

Min kvinne sover, forsiktig klatrer jeg
inn i sengeklærne, som inn i en løvkrone
like smidig som da jeg var ung og tynn
og sterk. Å, så månehvit, så naken hun er
der inne, i lin og søvn og åndedrett
tett inntil stammen, tett inntil grenene
blir jeg stamme, blir jeg grener. Og hun
så lett å holde, lett å gripe som en frukt

ELSKENDE

De fortærer seg selv
i en annens favntak og kaller
sin ensomhet kjærlighet. De
forliser i hverandres kjærtegn
og kaller sin smerte vellyst

Er det døden som holder
disse avsindige fester i dem
Døden som ruser seg i liv. De
griper hverandre som druknende
i en død som gjør dem levende

Ned ned, skal de. Under huden
Som om de vil rive øyeblikket opp
og se det aller siste lyset
der det springer lekk i dem...

MY WOMAN IS ASLEEP

My woman is asleep, carefully I climb
into the bedclothes, as into a leafy canopy
as lithe as when I was young and lean
and strong. Oh, so moon-white, so naked she is
in there, in linen and sleep and breathing
close into the trunk, close into the branches
I become trunk, I become branches. And she
as easy to hold, easy to grasp as a fruit

MAKING LOVE

They devour themselves
in one another's embrace and call
their loneliness love. They
shipwreck in each other's caresses
and call their pain desire

Is it death that holds
these crazed revels inside them
Death intoxicated by life. They
grasp each other like people drowning
in a death that makes them come alive

Down down, they must. Under the skin
As if they will rip up the moment
and see that ultimate light
as it springs a leak inside them…

NÆRHET

Jeg kan bære din sorg
    ett stykke på veien
og åpne min glede i din
      Men jeg kan ikke leve ditt liv
eller dø din død

Vi kan bytte blikk
     og kjærtegn, Veksle ord
og krefter mellom oss
    Men du er ikke meg
Og jeg er ikke deg

Derfor kan vi finne frem
    til hverandre, for å være
oss selv hos hverandre
    en liten stund i tiden

CLOSENESS

I can carry your sorrow
    some of the way
and open my joy in yours
    But I cannot live your life
or die your death

We can exchange glances
    and caresses, Trade words
and energy between us
    But you are not me
And I am not you

So we can find the way
    to each other, in order to be
ourselves with each other
    a brief moment in time

ALL-TID

Det er all tid
det samme som sies
Og det er alltid nytt
Ingen elskende
er så salige som oss
Ingen fortvilelse er så tung
Og intet fangenskap så dypt
som ett sekund
av evigheten
sperret inn i tiden

REISE

Jeg ser deg ennu, i døren mellom to rom
splitter naken i en by jeg ikke husker navnet på

Det var varm august. Vinduene stod åpne
og vi kunne høre fontenen utenfor selv når vi sov

I suset av springvann og gater, våre navn
som varsomt rørte ved oss, to skjelvende kropper

sammenfiltret lik en sommerfugl som forgjeves
ja, nesten beruset, stryker blomsterstøv av vingene

EVERY-TIME

Every time what is
said is the same
And it is new everytime
No lovers
are as blessed as us
No despair is as heavy
And no captivity as deep
as one second
of eternity
trapped inside time

JOURNEY

I see you still, in the doorway between two rooms
quite naked in a town whose name I don't recall

It was a warm August. The windows stood open
and we could hear the fountain outside even when we slept

In the burble of spring water and streets, our names
gently touching us, two quivering bodies

entangled like a butterfly that in vain
indeed, almost delirious, wipes pollen from its wings

LIKHET OG ULIKHET

Når du elsker, ligner du
   til forveksling enhver annen kvinne
som elsker. Fra fortid og fremtid
   strømmer kvinners ansikter sammen
i ditt ansikt ... Din skjønnhet
   er innhentet og omringet av etterlignere
Og likevel har jeg aldri sett deg før
Ditt ansikt er nytt og nakent som ansiktet
   på den kvinnen jeg første gang kom helt nær
Ja, en grenseløs ømhet løser ut dine trekk
   og får deg til å ligne deg selv
mer enn alle bilder jeg har sett av deg
Når du elsker, er din skjønnhet
   en flukt fra alle etterligninger
Og enhver elskende kvinnes ansikt, ligner
   til forveksling ditt ansikt når du elsker

LIKENESS AND UNLIKENESS

When you make love, you resemble
           unmistakably every other woman
who makes love. From the past and the future
          women's faces flow together
in your face… Your beauty
          is surpassed and surrounded by resemblances
And yet I have never seen you before
Your face is new and naked like the face
      of the woman I first came wholly close to
Indeed, a boundless tenderness releases your features
       and makes you resemble yourself
more than all the images I have seen of you
When you make love, your beauty is
     a flight from all resemblances
And the face of every woman making love resembles
      unmistakably your face when you make love

LAMPEN

Nu har vi dager og uker ikke elsket
hverandre, vi veksler lidenskapsløse
ord, sover og våkner i samme seng
og spiser ved samme bord. Den kjærlighet
vi engang heftig delte, brenner som en
matt lampe ved døren til et mørklagt hus
som vi har kommet tilbake til etter
en kald vinter eller en lang reise og
som ingen av oss riktig kjenner igjen
eller vil være den første til å gå inn i

DEG VIL JEG ALDRI GLEMME

Deg vil jeg aldri glemme, sa jeg
men hvis jeg likevel skulle glemme deg
så vil jeg fornemme deg, sa jeg, slik
jeg fornemmer en drøm på den andre siden
av søvnen, ja, slik jeg aner en forlatt by
som et lysskjær over himmelen i det fjerne

Men slik skulle jeg glemme deg: Som et tog
jeg hører i det fjerne og i det samme har glemt
Som et liv jeg har forlatt før dette
I en by ingen noensinne har bodd i. Og der en
telefon står og ringer i et tomt og mørklagt hus

THE LAMP

For days and weeks now we have not made love
to each other, we exchange words
lacking passion, sleep and wake in the same bed
and eat at the same table. The love
we once ardently shared, burns like a
dim lamp at the door of a darkened house
that we have returned to after
a cold winter or a long journey and
which neither of us clearly recalls
or wishes to enter first

I WILL NEVER FORGET YOU

I will never forget you, I said
but should I come to forget you
then I will sense you, I said, the way
I sense a dream on the other side
of sleep, indeed, the way I detect an abandoned city
like a distant shimmer of light in the sky

But this is how I would forget you: like a train
I hear in the distance and have instantly forgotten
Like a life I abandoned before this one
In a city where no-one has ever lived. And where a
telephone is ringing in an empty darkened house

SENGEN

Uoppredd ligger måneskinnet i den forlatte
sengen, minner om brudelin og liksvøp ... Kjærligheten
og døden som søkte våre kjærtegn overalt
for å flamme opp i blodet vårt
er nu bare dette gjenskinn som fortærer seg selv
i avtrykket etter våre kropper
For ingen ligger i sengen, bare måneskinnet, der
det ligner to levende døde, kastet i en åpen grav ...

FRA HVER VÅR SIDE

Du står ute og jeg står inne
på hver vår side av vinduet. Du smiler
og sier noe jeg ikke kan høre
bak regnet som sprer seg ut på ruten
Det er som vi ser hverandre
på en gammel nedslitt stumfilm
der flimrende lys driver
over et sterkt urolig blikk
som stirrer ut av et ubevegelig ansikt
et helt liv passerer over
Fra hver vår side av tiden
forsøker vi å gripe hverandre
lik døde elskende som vil si hverandre
det de ikke fikk sagt mens de levet

THE BED

The moonlight lies in disarray in the deserted
bed, recalling bridal linen and shrouds… Love
and death that sought our embraces everywhere
inflaming our blood
are now just this reflection that consumes itself
in the imprint left by our bodies
For no-one is lying in the bed, only the moonlight, where
it resembles two of the living dead, thrown in an open grave…

FROM OUR OWN SIDE

You stand outside and I inside
each on our own side of the window. You smile
and say something I can't hear
behind the rain that spreads out on the pane
It is as though we see each other
on an old worn silent movie
where flickering light drifts
over an intensely uneasy gaze
that stares out of an unmoving face
that a whole life passes over
From our own side of time
we try to grasp one another
like dead lovers who want to tell each other
what they could not say while they were alive

EN KVINNE

Jeg fulgte alle ritualer, alle de rette ordene
for at hun skulle forstå at det var meg hun elsket
og alt falt på plass slik hun ville ha meg
Nu stønner hun svakt med en stemme alle ord
faller ut av. Hun har lukket øynene omkring
seg selv for å kjenne de ulike delene av
sitt liv strømme sammen i seg. Det er ikke meg
hun elsker nu, men seg selv. Hun presser seg
mot meg som om jeg er den som sperret henne
inn i en kropp hun vil ut av. Nu er jeg
en fremmed hun har latt seg finne av og bruker
for å slippe kjærligheten frem i seg, lik en
oppdemmet flod som plutselig flyter mot havet

EKTESKAP

Deres celle er like trang som sengen
de deler. Det er som de mer enn alt frykter
at det de trekker frem i den annen
er det som nettopp kan ødelegge dem selv

Derfor elsker de sitt bur. Han trår
på den ene vingen hennes og ber henne fly
Hun har stukket fingrene inn
i øynene hans og ber ham om å se henne …

A WOMAN

I followed all the rituals, all the right words
to make her realise that it was me she loved
and everything fell into place the way she wanted me
Now she moans weakly in a voice all words
fall out of. She has closed her eyes around
herself to feel the different parts of
her life streaming together within her. It is not me
she loves now, but herself. She presses
against me as though I am the one trapping her
in a body she wants to leave. Now I am
a stranger she has allowed to find her and uses
in order to slip love free within her, like a
dammed-up flood that suddenly flows towards the ocean

MARRIAGE

Their cell is as narrow as the bed
they share. It is as though they fear most of all
that what they bring out in one another
is exactly what can destroy their own selves

Therefore they love their cage. He treads
on one of her wings and begs her to fly
She has stuck her fingers into
his eyes and begs him to look at her...

MØTET

Så nær meg er du. Og så langt borte
    at det ville være enklere å fange
øyeblikket når en larve blir til sommerfugl
    enn det er å røre den kalde skyggen din
så du plutselig og varmt ble min igjen

Ja, det ville være enklere å fange
    et glimt av en bergslått prinsesse
idet hun ifører seg usynlighetskappen
    enn det er å strekke hånden ut
og stryke kinnet ditt levende ...

THE MEETING

You are so close to me. And so far away
        that it would be easier to capture
the instant when a larva turns into a butterfly
        than to touch your cold shadow
so you suddenly and warmly become mine again

Indeed, it would be simpler to catch
        a glimpse of a bewitched princess
as she dons her invisibility cloak
        than to stretch out my hand
and stroke your cheek alive again…

NÅR JEG ÅPNER SKAPET DITT

Når jeg åpner skapet ditt
og ser all sommerkjolene
du ennu ikke har hentet
så vet jeg hva ordet *ugjenkallelig* betyr

Du har fylt skapet ditt med sommerkvelder
og jeg kan ennu se deg løpe barbent
over gulvet for å kle deg om i en ny drøm
Ja, jeg kan åpne døren til skapet ditt
og bla meg gjennom forventningene dine

Jeg husker ikke lenger
hvordan du ser ut når du er naken
Men jeg husker glansen i din stemme
gløden i ditt blikk ... og dagen
da du bar akkurat den kjolen der ...

Et kostyme til en hovedrolle
der du plutselig ble en annen
en helt ny og ukjent kvinne
Og jeg som trodde jeg kjente deg
År etter år ... natt etter natt
har jeg elsket med en fremmed

WHEN I OPEN YOUR CLOSET

When I open your closet
and see all the summer dresses
you have still not collected
then I know what the word *irrevocable* means

You have filled your closet with summer evenings
and I can still see you running barefoot
across the floor to change into a new dream
I can even open the door to your closet
and leaf through your expectations

I no longer remember
what you look like when you are naked
But I remember the gleam in your voice
the glow in your eyes… and the day
when you wore exactly that dress there…

A costume for a main role
where you suddenly became another
a completely new and unknown woman
And I who thought I knew you
Year after year… night after night
I have made love to a stranger

SKJULESTEDER

Det er kjærtegn, ja kyss
som sier alt, alt det munnen
selv ikke sier. Det er berøringer
som følger minnenes spor gjennom oss
lik vinddrag gjennom trær

Du stryker henne, tilfeldig
over huden og hun skjelver, så lett
som om du river opp et gammelt savn
eller rører ved en glede hun har glemt

Kjærtegn leter i oss
etter det vi er mest redd for
Og plutselig er det en som rører
selve skjulestedet der en barndom
er gjemt bort

HIDING PLACES

There are caresses, yes kisses
that say it all, all the things that the mouth
itself does not say. There are touches that
follow the traces of memories through us
like puffs of wind through trees

You stroke her skin, randomly
and she trembles, very slightly
as though you rip up an old loss
or touch a pleasure she has forgotten

Caresses search within us
for what we fear the most
And suddenly someone touches
the very hiding place where a childhood
is stored away

KJÆRLIGHET, BARE KJÆRLIGHET

Evig din, roper de elskende til hverandre
For kjærligheten er en drift mot det umulige
som gjør dem nesten umulige for hverandre

Evighet, roper kjærligheten til de elskende
Kjærlighet, svarer evigheten
   Kjærlighet, bare kjærlighet ...

TILSTÅELSE

Vårt første kyss var et snekyss
Jeg husker deg ennu glitrende mot meg i sne
Vi hadde gått i tog med to tusen andre
Jeg har ingen anelse lenger om
det var en ny krig, bomben eller kvinners håp
det gjaldt. Men jeg husker gatene vi gikk. Jeg
husker stillheten av fire tusen føtter i sne
Og jeg husker ansikter på dem som gikk der
Jeg fulgte deg hjem og stanset ved porten
Vi kysset. Og du var helt åpen, helt nær
der du vendte ansiktet mot meg i natten
Mens et stort lys langsomt snedde ned i oss

LOVE, JUST LOVE

Eternally yours, the lovers cry to each other
For love is an urge for the impossible
that makes them almost impossible for each other

Eternity, love cries to the lovers
Love, eternity answers
                 Love, just love…

ADMISSION

Our first kiss was a snow kiss
I still remember you glittering before me in the snow
We had been in a rally with two thousand others
I have no longer a clue whether
a new war, the bomb or women's hopes were at stake.
But I remember the streets where we walked. I
remember the hush of four thousand feet in the snow
And I remember the faces of those who walked there
I followed you home and stopped at the entrance
We kissed. And you were utterly open, utterly close
as you turned your face towards me in the night
While a great light slowly snowed down within us

ARMADA

De unge, de elskende, Se hvor de ligner skip
satt ut i et nytt stort element: Kjærligheten
Høye, ranke, jager de hverandres sanser frem
i store forsømte bilder av uskyld og ungdom
Se dem bære sine hemmeligheter ut i kjærtegn
som veier og måler, opphøyer eller forkaster
deres bruk av hverandre for å feire seg selv
som subjekter, som uinnskrenkede totale universer

De unge, de elskende, de kommer i bølger
Uovervinnelige. Bølge for bølge, år for år
lysende fremkalt på tidenes strand. De måler
krefter med dem som har født dem, De måler
krefter med dem som kom hit før dem, De måler
styrken i dem som skal følge etter, Ja, de
griper hverandre i et flomlys av begjær
forvandles til alt de griper og mister seg selv

De unge, de elskende. Jeg-berusede, frarøvet
alt som gjør dem til et jeg. Så dypt rammet
av natten, av sine lengsler, at de lenge etter
blir liggende, side ved side, stumme, bleke
Unge og elskende, får de meg til å tenke på
den uovervinnelige Armada, De stolte skip
som ble funnet knust, drevet i land på fremmed
kyster; plyndret, utbrent, forlatt på stranden.

ARMADA

The young, those who love, See how they resemble ships
placed in a new vast element: Love
Tall, erect, they spur on each other's senses
in huge neglected images of innocence and youth
See them spell out their secrets in caresses
that weigh and measure, elevate or reject
their use of each other to celebrate themselves
as individuals, as entire unbounded universes

The young, those who love, they come in waves
Invincible. Wave upon wave, year after year
dazzlingly developed on the shores of time. They test
their strength against those who bore them, They test
their strength against those who came before them, They test
the life-force in those who will follow after, Indeed, they
grasp each other in a floodlight of desire,
transformed into everything they grasp and losing themselves

The young, those who love. High on themselves, deprived
of all that turns them into a self. So deeply stricken
by the night, by their longings, that for a long time they
remain lying, side by side, silent, pale
Young and in love, they make me think of
the invincible Armada, those proud ships
that were found wrecked, driven aground on foreign
coasts; plundered, burnt out, deserted on the shore.

DAGEN OG TRÆRNE

Tidlige lys-streif; alle ting skjelver
når daggryets strenger blir stemt
Hør – det første lys-dirr i trærne
Og se når de toner – som stemmegafler
berørt av demringens gylne vind
– som minner berørt av erindringens
bluss; Tre etter tre klinger frem

Hvert tonende tre av lyset besverget
Og brått veller solen ned i hver dal
som var de graver brutt åpne av himmel
Hjerter der lukkede stenmasser synger
der havets marmor blir levende fresker
der vinden, demringens søstre danser
seg ut gjennom havets flammende blikk

Å all-dag! I spinn av lys står trærne
og ligner drømmer om drømmens kvinne
så gylne av omriss og lysrank ømhet
dirrende gjenreist i ditt mørke sinn
– Kokonger som brått folder seg ut med
vinger av blader mot solen mens bekkene
løper som fuger av lys gjennom gresset

Siden blir kveldsrommet øde og stort
og trær står alene i skumring; stille
klare som lengsler; Og ennu en stund
veller lys omkring dem som vemod og
ømhet … lenge står de og skinner som
stemmegafler ingen tone helt vil forlate
Tre etter tre klinger langsomt ut i rommet

THE DAY AND THE TREES

Early snatches of light; every thing trembles
when the strings of daybreak are tuned
Listen – the first whirr of light in the trees
And observe the tones – like tuning forks
plucked by the dawn's golden wind
– like memories touched by the flush
of remembrance; Tree after tree rings out

Every resounding tree invoked by the light
And suddenly the sun streams down into every dale
like graves broken open by heaven
Hearts where sealed heaps of stones sing
where the ocean's marble turns into living frescos
where the wind, the sisters of dawn dance
forth through the ocean's blazing gaze

Oh almighty day! Standing in a web of light the trees
resemble fantasies of the woman from a dream
so golden in outline and light-borne tenderness
tremblingly resurrected in your dark thoughts
– Cocoons that suddenly unfold with
leafy wings towards the sun while the streams
run like fugues of light through the grass

Later the evening space is deserted and vast,
and trees stand alone in the twilight; silent
distinct like longings; And still the light for a while
streams forth around them as melancholy and
tenderness... a long time they stand and shine like
tuning forks no tone will completely leave
Tree after tree rings slowly out into space

HØSTLIG AFTEN

Vår kjærlighet er død, død er vår kjærlighet
Så enkelt er det

En natt i oktober fryser duggen i gresset
og det er tynn is bortover veiene
som når en høst-stjerne
plutselig splintrer

Alt blir engang klarhet, som etter en stor
feber, brent ut med høsten
Og sommeren slutt

Men hvorfor er *vårt* oppbrudd
så fylt av smerte og skam, og hvorfor
kommer du ikke til meg

AUTUMNAL EVENING

Our love is dead, dead is our love
It is as simple as that

One night in October the dew freezes on the grass
and a thin layer of ice covers the roads
like an autumn star
suddenly exploding

All is instantly clear, like after a great
fever, burnt out by the autumn
And the summer is over

But why is *our* breaking up
so full of pain and shame, and why
do you not come to me

OFELIA

I vollgravens vannspeil, rett under
overflaten, en kvinnekropp, hennes kjønn
er en blomst som åpner seg en gang i et liv
Så glir hun, lik en mørk sol, ut av tiden
og dør. I værelse etter værelse, ankommer
hennes skygge, som et iskaldt pust, sendt
ut i alle retninger fra dette øyeblikk

Ofelia. Hamlet. Hører de sammen. Kan uskyld
og opprør høre sammen. Se hvor de trekkes
mot hverandre bare for å ødelegge hverandre
Han, som hevnens søvngjengersikre verktøy
Hun som legger alt under kjærlighetens vinge
I Hamlets svik går hun under. Han er fanget
i bilder som drømmer dem begge til døden.

Alt er tegnet opp for hennes unge liv
Hun ser sin far bli stukket ned av den
mannen hun elsker. I dette nu velger hun
døden som brudgom. På ett øyeblikk skal hun
leve et helt liv med fødsel og død. Fort
og barbeint springer hun gjennom tiden, se
fra liten pike til sorgrammet kvinne

Hun dør med Hamlets navn på leppene
Hamlet, så krenket at han ikke kan se
noe annet enn seg selv. Den evige sønn
besatt av én ting, av å spille «Hamlet», leke
spinngal prins, tåkefyrste og synliggjører
av maktens maskinerier. Arving på dødens
slott, mammas bortløpne guttemann

OPHELIA

Mirrored in the water of the moat, right below
the surface, a woman's body, her sex
a flower that opens once in a lifetime
Then she glides, like a dark sun, out of time
and dies. In room after room, her shadow
enters, like an ice-cold breath, sent
out in all directions from this one moment

Ophelia. Hamlet. Do they belong together. Can innocence
and rebellion belong together. See how they are drawn
to each other only to destroy each other
He, who is a sleepwalker-proof tool of revenge
She, who places everything under the wings of love
In Hamlet's betrayal she sinks down. He is trapped
in images that dream them both to death.

Everything is staked out for her young life
She sees her father stabbed to death by
the man she loves. In that instant she chooses
death as her bridegroom. In one moment she will
live a whole life with birth and death. Swiftly
and barefoot, she runs through time, look
from little girl to grief-ridden woman

She dies with Hamlet's name on her lips
Hamlet, so outraged that he can see
nothing but himself. The eternal son
obsessed with one thing, playing "Hamlet", acting
crazed prince, blethering nobleman and revealer
of the machinations of power. The heir to death's
castle, his mother's wayward man-child

MØTE

Hun smigrer først hans sårede fortid, gjør den
spennende som en fortelling fra en annens liv
Og han går siden som en søvngjenger
gjennom hennes drøm, låser seg inn
gjennom dører på vidt gap, for å smelle dem
frydefullt bak seg ... Tar den tomme stolen
Fyller den tomme plassen i sengen, kort sagt
han er gått i en felle og elsker det. Er det mulig
å drukne på grunt vann. Ja betyr nei
Forveksler de hverandre med en annen. De har
lokket hverandre hit og nå må de velge
Forakt eller kjærlighet. Skal de videre inn
eller fjerne seg helt. De har ikke noe valg
De ligger i mørkerommet og blir fremkalt
som kom de drivende over et sunket kontinent
der deres liv allerede er tegnet opp. Så sovner de
Morgendagen vil vise hvor de flyter opp

MEETING

First she flatters his bruised past, makes it
exciting like a narrative from someone else's life
And later he passes like a sleepwalker
through her dream, unlocks
wide-open doors, slamming them
gleefully behind him… Takes the empty chair
Fills the empty place in the bed, in short
he has walked into a trap and loves it. Is it possible
to drown in shallow water. Yes means no
Have they mistaken each other for someone else. They have
lured each other here and now they must choose
Contempt or love. Should they go further in
or withdraw completely. They have no choice
They are in the darkroom being developed
as if they came drifting across a sunken continent
where their lives are already mapped out. Then they fall asleep
Tomorrow will tell where they float up

REGNBILDE

Jeg star ute i hagen. Du star inne
bak vinduet, du ser meg ikke
Med en finger følger du en dråpe nedover ruten
Kanskje du forsøker å avtegne
selve forvandlingens usynlige formel
på glasset som overstrømmes av rennende vann
Slik ser jeg deg: glødet inn i mørket
flyter du langsomt opp av ditt eget bilde
skimrende, slik en nattsvermer
kommer ut av en undersjøisk sol
med vinger av blek skumring
Du presser ansiktet ditt mot glasset
og det lyser, som om det akkurat nu og her
ble fremkalt fra en film
som natten, i et glimt, har fanget deg i

RAIN IMAGE

I stand outside in the garden. You are standing inside
by the window, you do not see me
With a finger you trace a raindrop down the pane
Perhaps you are trying to draw
the invisible formula of transformation itself
on the glass that is streaming with running water
That is how I see you: glowing in the dark
you float slowly up from your own image
shimmering, like a moth
emerging from an underwater sun
with wings of pale dusk
You press your face against the glass
and it shines, as though right at that moment
it was being developed from a film
on which the night, in a flash, has captured you

VALG

Får du da aldri svar nok på hvorfor
jeg akkurat valgte deg ... La meg svare deg slik

Hos deg kan jeg la meg beseire av livet
uten å oppgi meg selv eller forakte mitt liv

I deg kan jeg le min mørkeste latter
og leke på dyp jeg vet jeg må opp av igjen

Med deg kan jeg blande kropp og drøm
og se dem som det de er: Horisonter ... Tegn ...

Sammen med deg kan jeg bære et håp som
ikke er løfter om lykke men oppbrudd til liv

Jeg har ingen formler for liv og død
Og du ingen barndom du kan skjøte på min med

Men hos deg tør jeg miste meg selv og møte
en annen som ser meg, som den jeg er
                    og som den jeg kunne bli

CHOICE

Do you never receive answers enough as to why
I chose exactly you... Let me answer you like this

With you I can let myself be conquered by life
without giving myself up or despising my life

In you I can laugh my darkest laughter
and play in depths I know I must come up from again

With you I can combine body and dream
and see them for what they are: Horizons... Signs...

Along with you I can hold onto a hope that
is not promises of happiness but breaking up into life

I have no formulas for life and death
Nor you a childhood you can splice onto mine

But with you I dare to lose myself and meet
another who sees me, as the one I am
                      and as the one I could become

FORELDRES KJÆRLIGHET

Barns kjærlighet til sine foreldre
er den sterkeste, den mest kompromissløse
kjærlighet på jorden
Men den er kortvarig. Og den dør
langsomt ut, etterhvert som barna vokser til
Ja, ja, Ja, ja, ... den gjør bare det, den dør ...

Men foreldrenes kjærlighet er
en kjærlighet som aldri slukner ut, den
 bare vokser og vokser, selv når foreldrene dør,
fortsetter den å brenne, inne i barna, en lav
umerkelig flamme som aldri slukner

Og selv når barna dør,
fortsetter den å spre seg gjennom nye slekter
som en sol som brer seg ut til
de ytterste stjerner

PARENTS' LOVE

Children's love for their parents
is the strongest, the most uncompromising
love in the world
But it is shortlived. And it dies
slowly out as the children grow up
Yes, yes, Yes, yes,... it just does, it dies...

But the love of parents is
a love that never goes out, it
just grows and grows, even when the parents die,
it continues to burn, inside their children, a dim
imperceptible flame that never goes out

And even when the children die,
it continues to spread through new generations
like a sun that spreads out
to the outermost stars

MOT EN VERDEN AV LYS

For den som elsker
er årstidene åpne dører
og du skal gå inn

Og alt du *elsker*
       skal gro av deg
hvis du har tid og tør
       elske *alt* som gror i deg

For du er den
som elsker og blir elsket
den som sår og blir sådd
Mot en verden av lys
er ditt liv: Både kimen og mørket

TO A WORLD OF LIGHT

For someone in love
the seasons are open doors
and you must go in

And everything you *love*
          will grow out of you
if you have time and dare
          love *everything* that grows in you

For you are the one
who loves and is loved
the one who sows and is sown
It is to a world of light
your life leads: both the seed and the darkness

KYSSET

Det er en lysning av himmel i regnet, du
milde natt, dyppet i den første stjernen
spill levende i mine hender, som fisk
og fuglekropp, Å dugghvelv, med mosebunnen
som et grønt oppbløtt sollys, røttene
står i opprinnelsens strømmende vann, like
skjelvende som våre ord, himmelen, den
vrir seg gjennom fuglekroppene, å sprellende
måne, i regnkastenes drivgarn, regn senker
sitt mørke av ørsmå klokker, regnkvaser
driver gjennom blodet, mildværsblå vindkast
åpne strømmende stjerner, øsende landskap
kysser, jeg kysser ditt åpne ansikt i regnet!

THE KISS

There is a clear patch of sky in the rain, you
mild night, dipped in the first star
wriggling and alive in my hands, like fish
and the bodies of birds, You dewy crypt, whose mossy floor
is like green sun-drenched light, the roots
standing in water streaming from the source, as
tremulous as our words, the sky,
twisting through the birds' bodies, you writhing
moon, in the driftnets of cloudbursts, the rain lowers
its darkness from tiny bells, scuds of rain
lunge through the blood, blue flurries of mild weather,
open streaming stars, dripping landscape
kisses, I kiss your open face in the rain!

DEN NORDISKE MORGEN

(Fra Romsdalen)

Ingen kjenner det virkelige navnet på
den nordiske morgen, en himmel som har ligget
i jorden i tusen-år, feilfri som lys og luft
så blank er denne lengselsblonde himmel i meg
Vår å, Vår, jeg bærer ditt navn som en duft!

Over konsonanter og åser blåst på solhorn
blåner vokalene, sjøene, skogene, dalene
for nå skal alle ting blomstre i Norden
ditt navn, ditt navn er den dype smerten
i skumring og demring, den ur-mørke torden

som dirrer i grunnfjellet og som stryker
lengsel gjennom skogdalene, der de stiger
opp av de tusen dyp i ditt navn, leende
som de grønne slettene i det sunkne Atlantis
smilende som daler krøpet frem av breene

Ingen kjenner den nordiske morgens navn
den hvisker det gjennom stjerneklare netter
Hør, er det de tusen somrenes regnbue-sår
som forblør i elvene dag og natt, strømmende
som i en is-rus ut av mangfoldige tusen-år

– lysveier av melke galakser morild og frø
lengselsveier strukket gjennom våknende lemmer
Ingen kjenner det hemmelige navnet på denne dag
av himmelen i meg, ditt navn er bestandig nytt
og morgenen selv puster det inn i sollyse drag

THE NORDIC MORNING

(From Romsdalen)

No-one knows the true name of
the Nordic morning, a heaven that has lain
in the earth for thousands of years, flawless like light and air
so bright is this blond heaven of longing within me
Spring, oh Spring, I carry your name like a fragrance!

Over consonants and hillsides blown on a sun trumpet
the vowels, lakes, forests and valleys turn blue
for now everything will come into Nordic bloom
your name, your name is that deep pain
at dusk and dawn, that primeval dark thunder

that trembles in the bedrock and strokes
longing through the wooded valleys, where they rise
up from the thousand depths in your name, laughing
like the green plains in sunken Atlantis
smiling like valleys that have crept out of the glaciers

No-one knows the name of the Nordic morning
that it whispers throughout starry nights
Listen, is it the rainbow-wounds of thousands of summers
that bleed to death day and night in the rivers, streaming
as if drugged on ice from many thousands of years

– light roads of milky galaxies, sea sparkle and seeds
roads of longing stretched through wakening limbs
No-one knows the secret name of this day
of heaven within me, your name is constantly new
and the morning itself inhales it in sunlit breaths

LETT

Vi våknet i dag, liksom lettere
Som om vi visste vi måtte tidlig opp
for å finne igjen skyggene våre fra i går
Og slik speilbilder som flyter på vann
er lette, slik var søvnen vår, lett lett
så lett som det vannet bildene flyter på

Vi våknet idet stjernene forsvant
inn i himmelen med samme letthet
som den gresset bærer sitt dugg med
Åsrender, skogkanter, hustak ... Alt
omkring oss, strakte seg lysende på tå
for å rekke opp til kanten av seg selv

Det var like før alt lettet
og fløy ... Hvert sekund skiftet fot
for å finne det ene øyeblikk i døgnet
da alt må fødes, skapes om, drømmes på ny
Og dette øyeblikk inntraff: Nu. Nu. Nu
Så lett at vi ikke engang merket det

LIGHTNESS

We woke up today, lighter somehow
As if we knew we had to rise early
to retrieve our shadows from yesterday
And as reflections floating on water
are light, so was our sleep, light light
as light as the water the images float on

We woke up just as the stars disappeared
into the sky with the same lightness
as the grass carries its dew
Brinks of hills, edges of woods, rooftops… Everything
around us, stretched alight on tiptoe
to reach up to the limit of itself

It was just before everything grew light
and flew away… Every second changed foot
to find the one moment in the day
when everything must be born, recreated, dreamt anew
And that moment occurred: Now. Now. Now
So lightly that we did not even notice it

FORELSKELSENS KALENDER

Hvordan smakte aprilregnet før jeg møtte deg
Hvordan sang fuglene i bjerkene i mai
Hvordan duftet blomstene i juni
før dette med oss, dette med deg og meg ...

Raskt avviklet vi Gregorius' tidsregning
og innstiftet vår egen, før og etter deg og meg
– før og etter «husker du», vi sank inn
i hverandres tidehverv, Og fra glemte syndefloder

kunne vi trekke gamle minner frem som nye
dyppet i den annens blikk som i en soloppgang
slo vi fortiden ut, din mot min, underlig
og ny ... For det er en oppvåkningens kalender

og den gjør alle tidspunkter samtidige
gjennomstrålt av et gyldenblått maimorgenlys
der humler blomsterstøv regn og sommerfugl
flyter i solvindens flor omkring oss, ja, det er

en spillvåken og meget glemsom kalender
der vi hver dag står opp på utsiden av
den annens erfaring for hver natt påny
å henrette hverandre, på innsiden av våre kjærtegn

THE CALENDAR OF ROMANCE

How did the April rain taste before I met you
How did the birds sing in the birch trees in May
How fragrant were the flowers in June
before this thing between us, between you and me...

Swiftly we dismantled Gregorian time reckoning
and set up our own, before and after you and me
– before and after "do you remember", we sank
into each other's watershed, And from forgotten deluges

we could pull old memories out like new
plunged in the other's glance as in a sunrise
we emptied out the past, yours for mine, wondrous
and new... For it is a calendar of awakening

and it makes every moment co-exist
shot with a golden-blue May morning light
where bumble bees pollen rain and butterflies
float in the sun-wind's blossom around us, indeed, it is

a wide awake and very forgetful calendar
where every day we get up on the outside of
the other's experience, then every night anew
we murder each other, on the inside of our caresses

SANSENE

Lyset i regnvåte kratt
   lukten av gress og trær. Hud
Regnluften i lungene, fyller hele meg
   Regnet har stanset. En spinkel klokkeklang
henger igjen
   over engene. Øynene. Blodet. Bjerkene
Sildrende lys
   Ensomhet. Jordens ensomhet
Jeg står ute i kvelden
   som et vidtåpent vindu i sydvesten.
Og vann, duftende duggfriskt
   stenket av blå himmel, driver det
       gjennom meg ... celle etter celle
til alle sanser er hos jorden ... gjennom
   gjennom det jeg kaller Jeg ...

SENSES

The light through rain-wet scrub
    the smell of grass and trees. Skin
The rainy air in my lungs fills all of me
    The rain has stopped. The faint ringing of a bell
lingers behind
    over the fields. Eyes. Blood. Birches
Trickling light
        Loneliness. The earth's loneliness
I stand outside in the night
    like a wide-open window in a southwesterly.
And water, fragrant dew-fresh
    and sprinkled with blue sky, flows
        through me… into every cell
till all my senses are of the earth… through
    and through all that I call Myself…

SEKSTEN ÅR

Jeg var seksten år og hun var så vakker
at jeg bøyde meg bort, blendet av tårer
Det var hennes mørke hår og hvite hud. Det
var dype assyriske netter mot mine seksten år
Da alt er klage, alt er jubel og alt er sang
For leppenes kurve, for øynenes mørke glans
For nakkens bue, for innsiden av hennes lår
kunne jeg grate, ja, kunne jeg oppgi alt
For jeg var seksten år, et sted i meg selv
der jeg alltid er seksten når jeg elsker
Om hun var her nu, så skulle jeg ha grått
Grått for noe jeg ikke helt vet hva er
Men hun er her ikke og jeg gråter likevel

SIXTEEN YEARS OLD

I was sixteen years old and she was so beautiful
that I turned away, blinded by tears
It was her dark hair and pale skin. It
was deep Assyrian nights alongside my sixteen years
When all is protest, all is joy and all is song
For the curve of her lips, for the dark gleam in her eyes
For the arch of her neck, for the inside of her thighs
I could weep, indeed, I could give up everything
Because I was sixteen years old; somewhere within me
I am always sixteen when I make love
If she had been here now, I would have wept
Wept for something, for I know not what exactly
But she is not here and yet I weep

Å SYKLE OM SOMMEREN

Salig er de syklende. I fullsommerfryd
svever de, nesten to meter over bakken
I dirrende solpletteringlende speil av hete
mens lyset dasker dem muntert over ansiktene
lattermilde i sykkelbjellenes løvrom

Salig er de syklende. I sjøer av duft
gjennom marker som svimer i kornsus og sol
I nedoverbakkenes frinav, med håret i vinden
Overalt, selv inne i skogen, hører de den store
sangflaten havet suse i løvtaket over dem

Salig er de syklende. I blaff av lykke
forenes de med selve jordens dufter: Aften
Varm august. De sykler rett opp på himmelen
slenger syklene fra seg mellom stjernebildene
der de hjul mot hjul blir liggende og spinne

CYCLING IN SUMMER

Blessed are those who cycle. In utter summer bliss
they hover, almost two metres above the ground
In flickering tinkling sunspot mirrors of heat
while the light gaily brushes their faces
gleeful in the leafy space of cycle bells

Blessed are those who cycle. In oceans of fragrance
through fields that swoon in the swish of grain and sunlight
Free-wheeling down hills, with the wind in their hair
Everywhere, even in the forest, they hear the great
song sphere of the sea swishing in the leafy roof above them

Blessed are those who cycle. In breaths of happiness
they are united with the fragrances of the earth itself: Evening
Warm August. They cycle right up onto the sky
toss their bicycles among the constellations of stars
where wheel upon wheel they lie spinning

SLIK DAGER KOMMER

Det er dager
da solen kommer allestedsfra
dager som glir gjennom dørene
før vi har våknet
det er fugler
som hekter dager opp på himmelen
med lange sugende sting

Det er forsteder
der stiene flyter sammen
i strie strømmer av trinn
Det er byer der ditt hår flommer
som sol gjennom gatene
der ansikter virvler
gjennom oss som blader i vinden

Det er dager
da gresset bølger gjennom meg
i lange heftige ilinger
dager, da solen står opp
i min egen kropp, dager
da jeg bare kommer til deg, slik
dager kommer

THE WAY DAYS COME

There are days
when the sun comes from all around
days that glide through the doors
before we are awake
there are birds
that hitch days up on the sky
with long clinging threads

There are neighbourhoods
where the paths flow together
in furious currents of footsteps
There are towns where your hair floods
like sunlight through the streets
where faces whirl
through us like leaves in the wind

There are days
when the grass billows through me
in long fierce tremors
days when the sun rises up
in my own body, days
when I just come to you, the way
days come

EKTESKAP

Kvinnen som grer seg ved speilet
kjenner jeg henne, vi har lenge jaget
hvert vårt begjær i samme flod av natt
så trette av hverandre
      at vi orker ikke å skilles

Kom og legg deg, sier hun, som om
sengen er en sluseport, der vi kveler hverandre
med all vår oppsamlede lengsel, før
vi styrter ut i det stupende mørke
      hvor ikke engang ordene verger oss

Såret i samme felle av ømhet, Bundet
til å rives i stykker på hverandres favntak
går lidenskap og fangenskap i ett
Med dødsangsten slynget inn
      som flammer gjennom årene

MARRIAGE

The woman combing her hair at the mirror
do I know her, we have long been hunting
our separate desires in the same flood of night
so tired of each other
        that we cannot bear to part

Come to bed, she says, as though
the bed is a sluice gate, where we strangle each other
with all our dammed-up longing, before
we plunge out into utter darkness
        where not even words can protect us

Wounded in the same trap of tenderness, Tied up
to be torn to pieces on each other's embraces
passion and captivity become one
With the fear of death entangled
        like flames through our veins

ELSKEDE, I SKYGGEN AV VÅR DRØM...

Min elskede, i skyggen av vår drøm
om hverandre, løser du håret
og ømhet flommer frem i meg, kom

sier du, så slukker du lyset
og byr meg kroppen din, naken, hvit
som innsiden av en hånd jeg kan hvile i

Å, kunne jeg elske døden ut av deg
og gjeninnsette våre liv på den barndommens
trone som løser det evige i oss

Men alle våre kjærtegn
åpner seg, som kropp og som ensomhet
som forgjengelighet, hunger, ensomhet og kropp

MY LOVE, IN THE SHADOW OF OUR DREAM...

My love, in the shadow of our dream
about each other, you release your hair
and tender affection floods forth in me, come

you say, then you switch off the light
and offer me your body, naked, white
like the palm of a hand where I can rest

Oh, if only I could love death out of you
and restore our lives to the childhood
throne that releases eternity in us

But all our caresses
open up, all body and loneliness
all transience, hunger, loneliness and body

HARDANGER

Et sted inne mellom somrene
dreier breene sine tunge dører mot lysets gåte

Epleblomsten i fjellets skygge
der den møter fjorden, mørk og dyp som døden

Da, gjennom blomsten ser jeg breen
som et blendende glimt av en verden bak dørene

HARDANGER

At some spot in among the summers
the glaciers turn their heavy doors towards the mystery of light

The apple blossom in the shadow where the mountain
meets the fjord, dark and deep as death

Then, through the blossom I see the glacier
like a dazzling glimpse of a world behind the doors

ELSKEDE, HVA TENKER DU PÅ?

Elskede, hva tenker du på
Ingenting. (Eller) På deg. Svarer jeg
Jeg tenker på kjærlighetens ensomhet
Men det sier jeg ikke. Jeg tenker på den ensomhet
som vi drar med oss gjennom favntakene
Jeg tenker på at det gjør vondt å elske
Men det sier jeg ikke

En stor kjærlighet som dør
og tidevannet når det synker, eller et elveleie
som er regulert og tomt for vann
Det tenker jeg på
Men jeg sier ikke: Hvis du forlater meg nå
da forlater jeg deg aldri. Men det tenker jeg på

Jeg har det så vondt, midt i vår kjærlighet
Kom ikke nær meg. Elsk meg. Ta meg imot
Forsvinn. Gå aldri fra meg. Slik tenker jeg
Når en stor kjærlighet dør
blir den en forferdelsens måne som stiger
opp over all senere kjærlighet hos de elskende

Det tenker jeg på. Hva tenker du på
På deg. På ingenting. På bunnen av denne byen
ser jeg et ansikt, blindt, skjelvende
slått av vill ensomhet. Sorg

MY LOVE, WHAT ARE YOU THINKING ABOUT

My love, what are you thinking about
Nothing. (Or) About you. I answer
I am thinking about the loneliness of love
But I don't say that. I am thinking about the loneliness
that we bring with us to our embraces
I am thinking about how it hurts to love
But I don't say that

A great love that dies,
the tide when it ebbs, or a riverbed
dammed up and empty of water
That is what I am thinking about
But I don't say: If you leave me now
then I will never leave you. But I think that

It hurts me so much, in the midst of our love
Don't come near me. Love me. Accept me
Go away. Don't ever leave me. That is what I think
When a great love dies
it turns into a moon of dismay that rises
up above all later love the lovers encounter

I think about that. What are you thinking about
About you. About nothing. Underneath this town
I see a face, blind, trembling
mottled with wild loneliness. And grief

OMFAVNELSE

Som under vann, ansikt mot ansikt, faller vi
baklengs ut i oss selv, lysende, oppstrømt i hverandre

Du. Jeg. Som én dykkende til overflaten
– tvunget opp til din og min åpne munn for å puste

klage denne stumhet ut over sunkne
verdner, i lave stønn, i hviskninger uten fortøyning

vaskes vi opp fra liljedypene, hodestener
bleket ut og slått til avsinn, til blikk til pust til

å rives ut av søvn-røysene, ansikter, senket
og tapt på dypt vann. For å elskes om. Og gis påny

EMBRACE

Like being under water, face to face, we fall
backwards into ourselves, shining, streaming up in each other

You. I. Bobbing up as one to the surface
– forced up to your and my open mouth to breathe

to protest about this silence across sunken
worlds, in low moans, in whisperings without a mooring

we are washed up from the lily depths, headstones
bleached and beaten to insanity, to glances, to breath, to

be torn out of rocky piles of sleep, faces, sunk
and lost in deep water. To be loved again. To be given anew

BIOGRAPHICAL NOTES

STEIN MEHREN (1935-2017) was a Norwegian poet, essayist and playwright. Mehren was born in Oslo, Norway, and after graduating from secondary school in 1953, Mehren studied philosophy at the University of Oslo for several years. He made his literary debut with the poetry collection *Gjennom stillheten en natt* in 1960. Other collections from the 1960s are *Alene med en himmel* (1962), *Mot en verden av lys* (1963), *Gobelin Europa* (1965), *Tids alder* (1966), and *Aurora. Det Niende Mørke* (1969). He is the author of a number of essay collections and two plays, *Narren og hans hertug* (1968, staged at National Theatre), and *Den store søndagsfrokosten* (1976). In the 1970s he wrote two novels, *De utydelige* (1972) and *Titanene*. Mehren was the recipient of many prizes: the Norwegian Critics' Prize for Literature and the Mads Wiel Nygaard's Endowment in 1963; the Swedish Academy's Dobloug Prize in 1971; the Aschehoug Prize in 1973; the Riksmål Society Literature Prize in 1975; the Fritt Ord Award in 1979; the Norwegian Academy Prize in memory of Thorleif Dahl in 1987; and the Gyldendal Prize in 2004. In 1993, he was awarded the Anders Jahre Cultural Prize (jointly with pianist Robert Levin).

AGNES SCOTT LANGELAND is a Scottish university lecturer and translator living in Norway. She has an MA degree in Social Anthropology and English Literature from the University of Edinburgh. Her literary translations include short stories by Kjell Askildsen in: *The Norwegian Feeling for Real* (2005), *Words Without Borders* (August 2008) and *Fiction* (No. 59, 2013), a novel by Dag Solstad, *Professor Andersen's Night* (2011), which was longlisted for *The Independent Foreign Fiction Prize*, poems by Rune Christiansen in *Words Without Borders* (Dec. 2011) and several graphic novels.

LIST OF SOURCES

'Jeg holder ditt hode', *Mot en verden av lys*, Oslo: Aschehoug, 1964
'Fordi det er en sommer i dine øyne', *Gjennom stillheten en natt*, 1960
'Tristan og Isolde', *Alene med en himmel*, 1962
'Regn stanser', *Mot en verden av lys*, 1963
'Gammelt rosemalt skap', *Tidsalder*, 1966
'Hero og Leandros', *Dikt for enhver som våger*, 1973
'Barcarole', *Mennesket bære ditt bilde frem*, 1975
'November-måne', *Det trettende stjernebildet*,1977
'Min elskede, jeg kan stå stille', *Det trettende stjernebildet*,1977
'For hånden', *Vintersolhverv* 1979
'Møte', *Vintersolhverv* 1979
'Min kvinne sover', *Timenes time*, 1983
'Elskende', *Corona*, 1986
'Nærhet', *Corona*, 1986
'All-tid', *Corona*, 1986
'Reise', *Det andre lyset*, 1989
'Likhet og ulikhet', *Skjul og forvandling*, 1990
'Lampen', *Skjul og forvandling*, 1990
'Deg vil jeg aldri glemme', *Skjul og forvandling*, 1990
'Sengen', *Nattsol*, 1992
'Fra hver vår side', *Nattsol*, 1992
'En kvinne', *Nattsol*, 1992
'Ekteskap', *Nattsol*, 1992
'Møtet', *Nattsol*, 1992
'Når jeg åpner skapet ditt', *Evighet, vårt flyktigste stoff*, 1994
'Skjulesteder', *Evighet, vårt flyktigste stoff*, 1994
'Kjærlighet, bare kjærlighet', *Evighet, vårt flyktigste stoff*, 1994
'Tilståelse', *I stillhetens hus*, 2007
'Armada', *Anrop fra en mørk stjerne*, 2006
'Dagen og trærne', *Mot en verden av lys*, 1963
'Høstlig aften', *Den usynlige regnbuen*,1981
'Ofelia', *Anrop fra en mørk stjerne*, 2006
'Møte', *Hotel Memory*, 1996
'Regnbilde', *Hotel Memory*, 1996
'Valg', *Evighet, vårt flyktigste stoff*, 1994
'Foreldres kjærlighet', *Timenes time*, 1983
'Mot en verden av lys', *Mot en verden av lys*, 1963
'Kysset', *Det trettende stjernebildet*, 1977
'Den nordiske morgen', *Det trettende stjernebildet*, 1977
'Lett', *Nattmaskin*, 1998
'Forelskelsens kalender', *Den usynlige regnbuen*, 1981
'Sansene', *Den usynlige regnbuen*, 1981
'Seksten år', *Imperiet lukker seg*, 2004

'Å sykle om sommeren', *Den siste ildlender,* 2002
'Slik dager kommer', *Nye bilder, tidlige dikt,* 2005
'Ekteskap', *Corona,* 1986
'Elskede, i skyggen av vår drøm', *Vintersolhverv,* 1979
'Hardanger', *Vintersolhverv,* 1979
'Elskede, hva tenker du på, *Vintersolhverv,* 1979
'Omfavnelse', *Corona,* 1986

www.ingramcontent.com/pod-product-compliance
Lightning Source LLC
LaVergne TN
LVHW041300080426
835510LV00009B/813